বীজাক্ষর

बीजाक्षर

अनामिका

वाणी प्रकाशन

वाणी प्रकाशन

4695, 21-ए, दरियागंज, नयी दिल्ली 110 002

फ़ोन : +91 11 23273167 फ़ैक्स : +91 11 23275710

शाखाएँ

अशोक राजपथ, पटना 800 004, बिहार

कॉफ़ी हाउस कैम्पस, महात्मा गांधी मार्ग, इलाहाबाद 211 001, उत्तर प्रदेश

महात्मा गांधी अन्तरराष्ट्रीय हिन्दी विश्वविद्यालय, वर्धा 442 001, महाराष्ट्र

सुल्तानिया रोड, मोतिया पार्क, भोपाल 462 001, मध्य प्रदेश

www.vaniprakashan.in
marketing@vaniprakashan.in
sales@vaniprakashan.in

BEEJAKSHAR
by Anamika

ISBN : 978-93-89012-29-3
Poetry Collection

प्रथम संस्करण 2019

मूल्य : ₹ 395

जयंत प्रिन्टरी एलएलपी, मुंबई-2 में मुद्रित

वाणी प्रकाशन का लोगो मक़बूल फ़िदा हुसेन की कूची से

उत्कर्ष, उन्नयन
और
उस 'नयन तारा' के लिए
जो है भी और नहीं भी

प्राक्कथन

बचपन में कवि-पिता, श्यामनन्दन किशोर के साथ कविता की 'अन्त्याक्षरी' और 'समस्यापूर्ति' खेलते हुए जो काव्य-यात्रा आरम्भ हुई, उसने चीज़ों को गौर से देखना और ध्यान से सुनना निश्चित ही सिखाया! तब से अब तक कविता का परिदृश्य काफ़ी बदला है! आई.टी. प्रोफ़ेशनल की लय में कविता-प्रोफ़ेशनल बढ़े हैं! पूरे वर्ष में अनगिनत काव्य-पाठ हर संस्था कराती है! विदेशों में रचनात्मक लेखन की जो कक्षाएँ लगती हैं, उनमें सबसे ज़्यादा प्रत्याशी काव्य-लेखन की ओर उन्मुख होते हैं! हालाँकि कविता नाम की यह विधा स्वयं 'प्रतियोगिता' के परे जाकर 'सहकारिता' में रमने की बात कहती है (नाटक से संलाप, कथा से कथानक, संगीत से लय, चित्रकला से बिम्ब लेकर बढ़ता है इसका शिल्प), फिर भी हज़ार 'काव्य प्रतियोगिताएँ' आयोजित होती ही रहती हैं। 'इण्टरनेट' जब से हवाई फायर के गुरिल्ला बेस की तरह विकसित हुआ है, रात-बिरात 'वॉट्सऐप' समूहों पर कविताएँ कुरुलिया चिड़िया-सी लगती हैं चूँ-चूँ करने! देशी-विदेशी कविताओं के अच्छे अनुवाद जो 'इण्टरनेट' पर सहज उपलब्ध हैं, उससे नये कवि भरपूर गपशप करते हैं जिससे काव्य-भाषा गहरे अर्थों में अन्तःपाठीय हुई है—चटक, शोख, चुटीली!

मेरे पुराने संकलनों से भी कुछ कविताएँ अन्तर्जाल पर और समवेत संकलनों में उपलब्ध हैं, पर ज़्यादातर संकलन बाज़ार में उपलब्ध नहीं, इसका उलाहना समय-समय पर शोधार्थियों और नये पाठकों से मिलता रहा जिन्हें पुस्तकालयों से या मेरे पास बची इकलौती प्रतियों के फ़ोटोस्टेट से एक लम्बे समय तक काम चलाना पड़ता! उन्हीं के स्नेहादेश पर नये कलेवर में वाणी प्रकाशन इन्हें पुनर्मुद्रित कर रहा है, इसका आभार!

मेरा पहले दोनों संग्रह 'शीतल स्पर्श एक धूप को' और 'गलत पते की चिट्ठी' क्रमशः 1975 और 1978 में विहार ग्रंथ कुटीर से छपे थे। मेरे स्कूल की डायरी से उतारकर माता-पिता ने सहज स्नेहवश वे

कविताएं निकालकर 'एक कस्बाई लड़की की डायरी' बनी है। 'समय के शहर में' 1990 में छपा था, 'बीजाक्षर' 1993 में, 'अनुष्टुप्' 1998 में, 'कविता में औरत' 2005 में, 'दूब-धान' 2007 में ।

मैं मुजफ़्फ़रपुर से उच्च शिक्षा के लिए दिल्ली विश्वविद्यालय 1982 में आयी। 1982 से 1998 तक के मेरे ये वर्ष इतने नये तरह के अनुभवों के कपाट मेरे सामने धकाधक खोलते चले गये कि मैं दंग। इसी बीच पिता का साया भी सर से उठ गया। मात्र इक्यावन साल के परमस्नेही और हँसमुख पिता ये कहकर गये कि मृत्यु का मातम क्या मनाना, उसी तिथि पर 'गुड़िया' की शादी कर देना जिस पर मैं तय कर गया हूँ... और महीने-भर के भीतर शादी कर भी दी गयी! लम्बे समय तक तो मैं अवाक् ही रही। उसके बाद धीरे-धीरे जो कविताएँ फूटीं–उनका छन्द नयी माँ के दूध की धार का ही छन्द था! देखते-ही-देखते वात्सल्य मेरे जीवन का स्थायी भाव बन गया! नयी माँ और नयी कॉलेज-टीचर की आँखों से जीवन-जगत् की जो विडम्बनाएँ पढ़ीं, उनका ही सजग साक्ष्य वहन करते हैं ये आगे के सारे संग्रह!

अपने 'समकाल' की पड़ताल करने चलूँ तो कुछ साझा लक्षण सामने आते हैं। मेरी पीढ़ी के अन्य कवियों से मेरा संवाद धीरे-धीरे ही बना और नब्बे के आस-पास ही। सोवियत संघ के विघटन के अवाक् दिनों में।

–अनामिका

वक्तव्य

वैयक्तिक, सामाजिक, भौतिक, आधिभौतिक जीवन की कोई भी तकलीफ़ जीवन की विडम्बनाओं की एक महीन-सी समझ मनुष्य में अनजाने विकसित कर देती है। पीड़ा इसी अर्थ में प्रक्षालक है—मुक्ति के द्वार खोलने वाली। सृजन के क्षण एक गहरे एकान्त-बोध की उपज होते हैं। यह एकान्त-बोध वितृष्णा या मोहभंग-जन्य क्षणिक मरघट-वैराग्य नहीं होता। यह होता है विडम्बनाओं की पहचान के बाद की निस्संग दृष्टि जो सृष्टि के पहले के महाशून्य से उपजी थी जब ईश्वर को भी अकेला-अकेला-सा लगने लगा था।

शुरू में सिर्फ़ अँधेरा ही अँधेरा था, जल ही जल—फिर शब्द फूटे। शब्द अँधेरे से ही फूटते हैं। यही शब्दों की नियति है—प्रकारान्तर से कविता की नियति। शब्द प्रकाश की वर्णमाला हैं—प्रकाश की पहचान का आदिसूत्र, बीजमन्त्र। अँधेरे में रास्ता टटोलने के लिए जली दियासलाई।

शुरू में आदमी चाहता है इस एकान्त को थपकियाँ देकर सुला देना, क्योंकि यह तंग और बेचैन करता है। पर होता यह है कि थोड़ी देर के लिए बाँहों में ऊँघ भी जाये तो अचानक यह एकान्त लगता है बजने—और इस पर पड़ी थपकियाँ नगाड़े पर पड़ी थपकियाँ बन जाती हैं। इसी प्रक्रिया में शब्द परमाणुओं की तरह नाचते-काँपते कविता की शक्ल में सज जाते हैं ज़रूर, पर जो कहा जाना है—वह कहने से छूट जाता है—हमेशा।

इस उत्तर-आधुनिक परिदृश्य में कविता की स्थिति डाक में खोयी उस चिट्ठी की सी है जो चाहती है कहीं पहुँचना, पर पहुँच नहीं पाती। इस कठिन समय में जब समय से स्थान, देह से मन, समष्टि से व्यष्टि विच्छिन्न हो चला है (नाभिकीय नाल की) उनकी आपसी पकड़ छूट गयी है और 'आकाश से धरती की बन्द है बातचीत'—कविता चाहती है संवाद—आत्मा का आत्मा से, प्रिय का प्रिय से, कटु का मधु से,

कल्पना का यथार्थ से, शिल्प का कथ्य से, इन्द्रियों का इन्द्रियों से, सुख का दुख से, रूप का अरूप से, भाव का रस से, अतीत का वर्तमान से, परम्परा का प्रयोग से—मनुष्य का मनुष्य से। नैहर आयी बेटी से माँ का जैसा अविरल, अभंग, सतत प्रवहमान, सरस हृदय संवाद होता है—कुछ वैसा ही संवाद कविता जन-जन से चाहती है। घर के किसी कोने में अनादृत पड़े वयोवृद्ध, ज्ञानवृद्ध अभिभावक की तरह कविता चाहती है लोगों के सूक्ष्मतम भाव-तरंगों, सुख-दुख, उत्थान-पतन से जुड़ना, पर लोग उसे अभेद्य, अबूझ और अप्रासंगिक समझकर किनारा किये रखते हैं और उसका संवाद हमेशा अधूरा रह जाता है।

संगीत से ताल-छन्द-प्रवाह, चित्रकला, मूर्तिकला से बिम्ब, वास्तुकला से शिल्प और स्थापत्य, नाट्यकला से संवाद, कथा-जगत् से विवरण लेकर कविता अस्मिता से जुड़े गम्भीरतम सत्यों का सन्धान चाहती है। कविता चाहती है हमारे सपनों, हमारी जातीय स्मृतियों को अपना दूध पिलाकर हमेशा के लिए सुरक्षित कर देना। हमारे भीतर का जो कुछ भी कोमल, उत्कृष्ट, मधुर और प्रांजल है—उसका ही बीमा चाहती है कविता।

भाव का अभाव से सम्बन्ध चूँकि घनिष्ठ है, कविता वहीं फलती-फूलती है जहाँ राजनीतिक-सामाजिक-आर्थिक उत्पीड़न का इतिहास लम्बा हो। एशियाई, अफ्रीकी, लातिन, अमरीकी, जर्मन और पोलिश कविताएँ विश्व की बेहतरीन कविताएँ शायद इसलिए हैं कि इन भू-खण्डों ने झेला-भोगा-सहा बहुत है। स्त्रियाँ—विश्व-भर की स्त्रियाँ एक अलग नवोदित राष्ट्र-सरीखी धीरे-धीरे जगती हुई उत्कृष्ट साहित्य रच रही हैं और दे रही हैं एक ऐसी दृष्टि जिसे सारी सृष्टि ही परमाणु के नाभिकीय बन्ध के भीतर नाचती हुई दिखाई दे।

—अनामिका

अनुक्रम

समय

समय नहीं है।
वह कहीं चला गया है।
वह कहाँ चला गया है?
एक ट्रेन आयी तो थी...
समय नहीं है।
डिब्बे खुरच डाले,
बोतलें उलीच दीं।
ढेर सारा ख़र्च हो गया।
झोला उठाकर
बाज़ार गया था तो कोई,
कह दिया होता...
समय नहीं है।
कहीं किसी बटुली में,
        लालटेन में,
        कुएँ की तली में
        थोड़ा-बहुत हो-तो-हो!
एक बार देख लिया, वैसे
फिर एक बार देख लेते हैं :
क्या आपके पास है?
एक आदमी को चढ़ाना है
जिसका कि रक्तग्रुप किसी से नहीं मिलता,
सिर्फ़ समय से मिलता है।
ग्लूकोज़ पर है वह आदमी,

उसकी हिचकियाँ बँधी हैं।
थोड़ा-सा भी कहीं हो तो
कृपया
डायल कर दीजिए तुरत
किसी अनजान सरहद की
अलस्सुबह का नम्बर!

दाँत

वृद्धजन कविता पढ़ रहे थे,
ऐन उनके सामने
बच्चा
उतनी ही तन्मयता से
अपना एक दाँत
        हिला रहा था।
मैं शायद नींद में थी।
जल्दी में मुझको लगा–
दाँत हिलाना और कविता पढ़ना
एक ही बात है।
कुछ है जो टूटेगा,
टूटेगा और फिर जमेगा,
लेकिन जो टूटेगा–
जम पायेगा बिल्कुल वैसा ही?
इसकी ही चिन्ता है कविता।
"कौआ देखेगा तो नहीं जमेगा,
चुपचाप, चलो, गाड़ आयें
भुट्टे के खेतों के पीछे कहीं दाँत,"
बच्चे ने बच्चे से कहा।
वृद्धजन ने किताब बन्द की
और मसूढ़े छूकर लगे सोचने–
        कौआ क्या-क्या ले गया
        हाथ से छीनकर!

भूल-चूक

बचपन में जब हम गिर पड़ते थे,
कहती थी दादी–
“तेरी, न बहिनी की–
भुइयाँ की गलती,
एक धाप भुइयाँ को येऽऽ!”
दरवाज़े में पिचती थी उँगली,
कहती थी माई–
“तेरी, न भाई की,
सारी बदमाशी दरवाज़े की,
एक धाप ये मारा येऽऽ!”
जो कि किसी की नहीं होती–
कहाँ जाती होगी वह गलती?
बच्चों की कॉपियाँ फलाँगती
चली जाती होगी क्या सुन्दरवन,
और देखती होगी बाघ?
गलती–ये क्यों होती है गलती–
        ‘सही’ से एकदम सटी बैठी,
        एकदम से उसकी खाल में चिपकी?
क्या होता है आख़िर गलती का रंग?
क्या होता है उसका स्वाद?
मौसम की पहली बारिश बनकर
पड़ती है क्यों वह सड़क पर
जहाँ मुँह फुलाए दो प्रियजन
चुपचाप तुलवाते हैं
आलूबुखारे
पचहत्तर-पार किसी बुढ़िया से?

पचहत्तर-पार उस बुढ़िया की
आँखों में
बची-खुची रोशनी-सी गलती--
जो कि किसी की नहीं होती--
घुटनों में मुँह गाड़े
सो जाती है क्यों सई साँझ आख़िर?

दिन

हम गये दिनों में लौटना चाहते थे,
चाहते थे–गये दिन लौट आयें हममें।
गये दिनों को हमने तार किया
और लौटती डाक से उन्होंने
हमें पार्सल कर दीं–
परछाइयाँ और गूँजें और शुभकामनाएँ!
फिर बौद्ध-ग्रन्थों के साक्ष्य से
तिब्बत से लिखी हमको चिट्ठी
कि "भाई ये, भाई वो...
जो हम कर सकते हैं, करते हैं–
कोशिश, विश्वास और इन्तज़ार,
इस पर भी
फूल-सुँघनी की चोंच-सी
खुलती है यह दुनिया
        इत्ती ही...तो
क्या लौटना, क्या नहीं लौटना,
        वैसे, हम लौटेंगे ही शायद,
        कब लौट पाते हैं–देखो!"

साँप-सीढ़ी

जिसे करने के लिए न काम हो,
        न इन्तज़ार,
        प्यार, न प्रार्थना,
उसे अपनी चुप्पी से
ख़ूब मन लगाकर
चाहिए खेलना साँप-सीढ़ी।
जाने के लिए जिसे घर हो न घाट,
        जहन्नुम, न जंगल।
उसे अपने भीतर ही
                खेनी चाहिए
                एक नाव।
लगाने को जिसे न आस हो,
                न अड़ंगा,
                बाँस,
                न बबूल,
उसे अपने बीज
                चुगा देने चाहिए
                चिड़ियों को!

उड़नखटोला

बिस्तर छूते ही
चिटकोइयाँ-जैसी
चिट-चिट बजती
पीठ के मुक़ाबले
दुनिया का कोई संगीत नहीं अच्छा,
कोई भी लोरी नहीं अच्छी
चिटकोइयाँ-जैसी
चिट-चिट बजती पीठ के मुक़ाबले!
उखड़ी हुई साँसों से ज़्यादा
मज़बूत पेड़ और कोई नहीं,
और ललाट के पसीने से सुन्दर
नहीं कोई दूसरा समुन्दर!
छिले हुए घुटने क्या
हिरामन का अमरूद
होते नहीं, भाई मेरे—
इत्ता-सा जुठाया हुआ,
लाल बीजवाला अमरूद?
गड़ती हुई आँखों
            और सूखे हुए होंठों
और लथरी हुई टाँगों का सफ़र
दुनिया का सबसे हसीन है—उड़नखटोला।

असबाब

एक-एक कर उठ रहे हैं
असबाब,
लद रहे हैं ठीकरे और दिन—
ठेले की छोटी पिठैयाँ पर—
पतली गली में—
जहाँ रेवड़ी, गुड़ की पट्टी और मूँगफली,
कैंची-कलम-मुहर-छुरी-ताला-चाभी
एक भाव हमने कई बरस ख़रीदी!
उल्टी पड़ी कुर्सी के नीचे
चुप बैठा है एक पिल्ला,
संशय में हैं जिसके प्राण
कि दुनिया में एकदम अचानक
क्या-क्या होने लगता है यह सब!
गाजर-मूली से भी ज़्यादा आसानी से
दो टाँगोंवाला यह जीव उखड़ जाता है मिट्टी से।
पेंच कोने में निश्चिन्त पड़े
किसी टुटही पलँग की हो
या दो लोगों के बीच
लटपट पड़ी किसी बात की—
एक दिन खुल ही जाती है
किसी-न-किसी तिलिस्म से
और नींद में चलते-से
बीच सड़क आ जाते हैं
सण्डास के लोटे से लेकर
बिस्तर के नीचे के अत्यन्त निजी पत्र,
पर्चियाँ, ताबीज़, नाड़े!

सड़क की तरह नेकदिल औरत
दुनिया में कोई नहीं होती,
बहुत बड़ी है इसकी गोद
और बहुत नमकीन
होंठों के ऊपर की धूल।
पैर सड़क पर आदमी के वजूद का
सबसे प्रामाणिक
हस्ताक्षर हैं।

एक अनुपस्थित शहर

हमने आँखें मूँदीं–
वहाँ नींद ग़ायब थी, सपने ग़ायब,
आँखें खोलीं–शहर ग़ायब था,
टोकरी थी–गोभियाँ नहीं थीं,
टोंटी थी–पानी नदारद,
थे बल्ब, बिजली कहाँ थी!
सड़कें थीं, बस और रिक्शे और ताँगे,
"पर मानुष-गन्ध नहीं,
नहीं, मानुष-गन्ध नहीं–"
चीखता, हहाता बढ़ा आता था
भूखा सन्नाटा।
कहीं एक कोने में बच्चा भी था,
बच्चे से लेकिन बड़ी थी
बच्चे की ऊब!
खेल-खेल में उसने राइफल उठा ली
और बिना मतलब ही
बारूद के सकपकाते धुएँ का
टेढ़ा-मेढ़ा एक रास्ता बनाया
तिनकेवाली एक फाख़्ता के पीछे,
फिर चौंककर देखा ऊपर तो
एक मिनट के भीतर
आसमान, फाख़्ता, तिनका
और रास्ता–
सब थे ग़ायब।

पुँछी हुई स्लेट-सा शहर
डोल रहा था एक झोले के भीतर
और मज़े की बात यह कि
झोला तो डोल रहा था लेकिन
खूँटी रफूचक्कर, कन्धे नदारद।

ज़िद

ज़िद
एक बटन ही तो है
जो किसी काज में
फिट नहीं होता!
ईश्वर के कोट से यह गिरा,
बच्चे ने इसको
घूरे से उठाया
और बना डाला
दुनिया का पहला पहिया।
बहुत बरस पहले
कुरतों के हर चीरे में
ज़िद टाँकता था फकरू दर्ज़ी!
ठनी हुई ज़िद ही तो हैं पेड़
अन्तरिक्ष
और तारे।

झूठ

झूठ के पाँव नहीं थे,
वह हमारे कन्धे पर बैठा,
बाँहों में झूला
और देर तलक खेलता रहा—
"हाथी-घोड़ा-पालकी
जय कन्हैयालाल की!"
फिर जब हम थके,
उसने कहानी सुनाई
और एक पूछा सवाल—
"जानते हुए नहीं दोगे उत्तर
तो सिर टुकड़े-टुकड़े हो जायेगा,
और जहाँ बोले, मुँह खोले—
मैं अपनी डाली पर वापस
चला जाऊँगा उड़कर!"
'जान-बूझ लेने में
बड़ा कष्ट है, बाबा,'
हमने सोचा, 'कितना अच्छा हो
        कि हम जानें, न बूझें
        और सिर के बदले
        एक बड़ा तरबूज
        गर्दन पर ढो लें!'
पर सोचने से क्या होता है!
झूठ की उम्र नहीं थी
        (होती ही नहीं)—
वह हमारी उम्र लेकर जिया
        हमारे बाद तक!

स्त्री

वह रोटी बेलती है जैसे पृथ्वी।
ज्वालामुखी बेलते हैं पहाड़।
भूचाल बेलते हैं घर।
सन्नाटे शब्द बेलते हैं, भाटे समुन्दर।
रोज़ सुबह सूरज में
एक नया उचकुन लगाकर,
एक नयी धाह फेंककर
वह रोटी बेलती है जैसे पृथ्वी।
पृथ्वी–जो खुद एक लोई है–
सूरज के हाथों में–
रख दी गयी है
पूरी-की-पूरी ही सामने
कि लो, इसे बेलो, पकाओ,
जैसे मधुमक्खियाँ अपने पंखों की छाँह में
पकाती हैं शहद।
सारा शहर चुप है,
धुल चुके हैं सारे चौकों के बर्तन।
बुझ चुकी है आख़िरी चूल्हे की राख भी,
और वह
अपने ही वजूद की आँच के आगे
औचक हड़बड़ी में
ख़ुद को ही सानती,
ख़ुद को ही गूँधती हुई बार-बार
ख़ुश है कि रोटी बेलती है जैसे पृथ्वी।

कंकड़ियाँ

अलगनी से कपड़े उतारे,
पोटली में बाँधीं दो छोटी रोटियाँ,
गाँठ में नमक और मिर्च,
बालों से सलवटें निकालीं
डाल लीं मन में
और डोलची में उठाकर
समूची ही दुनिया
नक्षत्रों की यात्रा पर
निकल पड़ी अपनी वह
आख़िरी मुलाक़ात!
मेरा क्या होना था, कुछ नहीं हुआ,
फेफड़ों में भर आयीं नन्ही कंकड़ियाँ—
कुछ दीं समुन्दर में फेंक,
कुछ की मैं खेल गयी गोटियाँ,
कुछ ही हैं जो अब तक
साँसों में गड़ती हैं कभी-कभी
तो मृत्यु के मुँह पर
छींकती हूँ हँसकर तपाक्
ताज़ा हो जाता है
ख़ून का बहाव।

ऊब

मैंने अपनी ऊब उठाई,
झटकी, पटकी और दी फाड़ चर्रऽऽ
(कि कुछ तो कहीं बोले,
कुछ टूटे, कुछ फूटे, कुछ हो ले)
फिर बाल्टी में डुबोई
और रगड़कर पोंछे चकत्ते,
चकत्ते जो हर जगह थे—
देहली पर, आँगन में,
दर पर, दीवार पर,
संसद की छाती पर,
चूल्हे के पीछे, बर्तन के नीचे—
पोंछा, फिर पोंछा,
पर नहीं ही मिटे वे!
तार-तार हुई मेरी ऊब मगर
दुनिया का यह सारा
चिटचिट-सा लटर-पटर
        जस-का-तस!

अन्तःसत्वा

मेरे भीतर कुछ चल रहा है।
नहीं, षड्यन्त्र नहीं, तन्त्र नहीं, मन्त्र नहीं–
क्या पता क्या–
पर कुछ घट रहा है,
जैसे घटती है घटना–कुछ घट रहा है–
नहीं, बढ़ रहा है भीतर-भीतर।
          बढ़ रहा है जैसे बढ़ती है नदी
                    या कि वृक्ष।
नहीं, घर नहीं, दीवार नहीं,
छत भी नहीं, लेकिन कुछ-न-कुछ
                    ढह रहा है मेरे भीतर,
जैसे नयी ईंट की धमक से
मारे ख़ुशी के–भहर जाता है खँडहर
देखो यहाँ–बिल्कुल यहाँ–
नाभि के बीचोबीच–
उठते और गिरते हथौड़ों के नीचे–
लगातार जैसे कुछ ढल रहा है–
                    जल रहा है–
                    लोहे के किसी पिण्ड-सा
                    थोड़ा-सा ठोस, थोड़ा तरल–
                    कुछ नया और कुछ एकदम प्राचीन
                    पल रहा है मेरे भीतर!
                    मेरे भीतर कुछ चल रहा है।

लोरी की चिड़िया

घर में आँगन नहीं था।
बच्चे कमरे में
खेल रहे थे कबड्डी।
फ़र्श पर खिंची थी जो खड़िया की रेखा—
कभी, किसी क्षण मिट सकती थी।
लकड़ी के धुएँ की तरह
उठ रहा था धीरे-धीरे
चिरायंध-सा शोर
चुप्पी के अदहन के नीचे से।
क्या जाने क्या पक रहा था, और कैसा!
पालथी दिये बैठी औरत के भीतर
जो थोड़ी-मोड़ी मिठास बची थी—
उजली, पनीली—
ओठ गोल-गोल किये छोटा बच्चा
उँगलियों से टोकर पी रहा था।
वह एक महत्त्वपूर्ण दिन था—
लोरी से बाहर उड़ आयी थी चिड़िया,
आ आख़िरकार—
चक्की के खूँटे के बीच फँसा
उसका दाना
मुँह में उसके
चला आया था वापस—
लम्बी लड़ाई के बाद।
सोचकर चकित थी चिड़िया
कि सिर्फ़ एक दाने के वास्ते
खूँटा चिरवाने की अरज लिए

बेचारगी में वह कहाँ-कहाँ भटकी,
राजा से हाथी तक उसकी फरियाद
कैसे-कैसे लाठी टेके टहली,
लेकिन किसी के भी कानों पर
रेंगी नहीं जूँ—
सिवा एक चींटी के जो
तुरत-फुरत साथ चल पड़ी।
दोनों फिर लौटीं उसी रास्ते—
फटकती हुई पंख—
तल्ख और रंज—
और धीरे-धीरे
सब जादू से ठीक हो गया।
बढ़ई चुपचाप आके चीर गया खूँटा।
रुख तो रुख है,
सारी दुनिया,
ज़िन्दगी समूची बदलने को
क्या काफ़ी होता है
एक किसी चींटी का साथ भी,
उसका ज़रा-सा विवेक
और आश्वासन का छोटा दाना?
चिड़िया चुप थी क्योंकि
सोच रही थी चिड़िया।

जलेबा बुआ

रोज़ नल से
धीरे-धीरे गिरता है दिन–
ख़ाली घड़े में, मन में, बासन में
आधा-पौना।
काँटे घड़ी के
बुढ़िया की लाठी से
टो-टोकर देखते हैं रस्ता,
मगर किसका?
कोई उसे जानता नहीं
पूरे शहर में कि घर में!
किसी की वो कोई नहीं है,
कोई नहीं उसका–
कोई नहीं होता है जैसे डाली का पत्ता,
कोई नहीं होती रोटी तवे की,
कोई नहीं पीली सुपली का चावल,
कोई नहीं होते कंघी के
टूटे हुए, उलझे बाल।

इन्तज़ार

अचानक ही दुनिया से ग़ायब हुआ इन्तज़ार—
कल-परसों कुछ ज़रा-सा अच्छा
होने का एहसास।

अचानक ही ग़ायब हुआ,
जी लेती जिसके सहारे गिलहरी,
जो रोज़ पेड़ों के पास छिड़क जाता
अँखुवाए हरे-हरे बीज
वही इन्तज़ार अब नहीं है,
कहीं भी नहीं।

कैसा दुर्भिक्ष उतर आया है जंगल में—
पेड़ों की आँखों से टप-टप गिरते हैं
सूखे पत्ते।

कोई किसी से नहीं मिलता,
कोई कहीं जाता नहीं,
आता ही नहीं कोई कहीं से।
सूखी तलैया की नाभि से निकलता है
बत्तखों का क्रेंकार।

पूरा घर पीठ पर उठाये हुए घोघों-से
गोल मुड़े जाते हैं लोग—
और कोई देखता ही नहीं किसी ओर।

एक बदहवासी है बस ऐसी
जो सबके घर आती-जाती है
ख़ामोश, आतंकित, आसन्नप्रसवा
बिल्ली-सी।

प्रिय गोमती

प्रिय गोमती,
तार पाते चली आना,
हाथ पोंछने को भी रुकना मत,
हल्दी-आटा-बेसन-तेल-वेल—
सब धीरे सूख गिरेंगे रस्ते में
लगातार मुँदती, फिर खुलती
आपस में कन्धे रगड़ती उँगलियों से
पतली पपड़ियाँ सभी घोलों की
        छूटेंगी धीरे
जिनमें डुबोए थे हाथ
कि भूख कभी दाग नहीं छोड़ती,
सिर्फ़ एक मादक-सी गन्ध
छोड़ जाता है स्वाद,
पोरों से जो सन-सन करती
गर्म ख़ून में लेने लगती है डुबकी
उस गन्ध का ही अकाल पड़ा है, लड़की, यहाँ,
जल्दी से आना।
तुम्हें क्या पता है कि
सिर्फ़ उसी गन्ध के अकाल से
शहरों में भड़के हैं दंगे,
मध्येशिया में तूफ़ान,
भूचाल फिलिस्तीन में
हर मोर्चे पर युद्ध घमासान,
सिर्फ़ उसी गन्ध के अकाल से
रस के आवेग में
फटी चली जाती हैं रसभरियाँ

जंगल में हल्की-सी फुहियाँ पड़ते ही,
घाव का मुँह बनती जाती है
        सारी मिठास
निरन्तर रिसती—
बीमार बच्चे की माँ के स्तन-जैसी।
कुछ बातें होती हैं
जिनकी तारीख़ नहीं होती—
दबे मुक़दमे जैसी
दबी-दबी रहती हैं बहुत बरस
फिर एक दिन सारे तर्कों का माथा वे
फोड़कर चली आती हैं बाहर।
ऐसी ही एक बात की तरह आना,
आ जाना वापस,
प्रिय गोमती, तार पाते ही।

अकेला आदमी

बहुत बरस पहले
महोगनी के जंगल के पीछे
रहता था एक अकेला आदमी।
एक काम बड़े जतन से करता था वह हमेशा,
इस काम में उसका सानी नहीं था
पानी पी-पीकर वह करता था इन्तज़ार।
कुण्डी खटकती थी पड़ोसी के घर की,
फट से खुल जाता था उसका दरवाज़ा,
डाक कहीं से भी नहीं आती थी,
मगर डाक-पेटी-सा हरदम ही मुँह उसका
        रहता था खुला हुआ।
अपनी उपयोगिता जताने को
हरदम वह रहता था तैयार :
        कोई कुछ कहकर तो देखे!

छोटा-सा घर सात बार
सात ढंग से सजाकर
अपना मुँह आईने में देख मुस्कुराता था कभी-कभी
खिड़की से झाँकते हुए बच्चे हँसते थे
जब बेसुरा गाकर
कू-का के कंकड़ से
उदासी के कौए भगाता था।
ख़ूब-ख़ूब पीता था चाय,
मार-मार चुस्की
पी जाता था भर-लुटिया

तीती मिठासों के साँवले उजास,
रिश्तों के दूध और पानी का चकरफेर,
        कहता था–
"ऊब और जकड़न, थकान–
सबका ही अर्क बहुत धीरे-धीरे
गले के नीचे उतार लेने की
बारीकी का नाम है चाय।"...
प्याले की पेंदी में हर बार
जितनी बच जाती है चाय,
उतना ही बचा हुआ है अब भी
जंगल के पीछे की
हर घनी बस्ती में
        एक अकेला आदमी।

विस्थापन

मैं दंग हूँ
और नहीं भी
कि मेरे देखते ही देखते
एक बूढ़ा आदमी उठा
और आकाश-धरती के बीच
किसी हैंगर पर
अचकन की तरह टँग गया—
सबसे अच्छी उसको वही जगह लगी,
वह उस पर आराम से टिक गया।
आँखों में थी उसकी
थर्रायी प्रतीक्षा की जमी हुई धुन्ध,
कानों में भव्य किसी खँडहर की
गुमसुम हवा की भनक,
दुनिया की सारी ही परी-कथाओं
        का रस
होंठों की उजली पपड़ियों के भीतर।
पूरी मुस्तैदी से
संघर्ष करता था उसका समूचा वजूद
कि खुले रहे पाँचों दरवाज़े
आती-जाती रहे ताज़ादम हवा—
एकान्त की इकलौती अतिथि
माँ-सी, प्रिया-सी, दुहिता-सी!
वह मेरे देखते-ही-देखते उठा,
        उठ गया,
तब मैंने उसको पूरा देखा—

अच्छा लगा देखकर
ज़रूरत से ज़्यादा न तना हुआ था वो,
न झुका हुआ,
आती थी उसकी शिराओं से
पके हुए नीबू की स्वस्थचित्त गन्ध!
वह मेरे देखते-ही-देखते उठा तो
तम्बूनुमा उसके कमरे के
छह में से पाँच हमेशा ख़ाली प्याले,
दो में से एक हमेशा ख़ाली कुर्सी,
होम्योपैथी के दो-चार पुराने नुस्खे,
'कल्याण' के नये दो-चार अंक–
सब-के-सब दो उँगली उछले।
विस्थापन की यह भी ग़ज़ब प्रक्रिया थी–
मैं दंग हूँ और नहीं भी।

जाड़ा

जाड़ा ख़ूब पड़ा है।
शब्दों की छाती जकड़ गयी है।
शुकर है कि बोरसी में कोयले हैं:
काले जितने टोटके,
और आग जल सकती है–
कभी भी, किसी आहट पर।
सीढ़ियों के नीचे–उस कोने में–
धूप रख गयी है जो छोटी-सी तिपाई–
बच्चे की रफ कॉपियों से निकलकर
धीरे से आ बैठे हैं उस पर
ठिठुरे-सिकुड़े नीले अक्षर।
शुकर है कि बोरसी में कोयले हैं
जिन पर पक सकते हैं शकरकन्द मीठे।
ख़ूब पड़ा है जाड़ा।
मेरी चमड़ी मुझको पूरी नहीं पड़ती।

चुप्पी

आयु वनस्पतियों को आशिष में देते हैं भूरे पहाड़,
कि वनस्पतियाँ कुछ भी नहीं कहना
जान गयी हैं,
रहना, चुप रहना जान गयी हैं!
शब्दों के जंगल में
चुप्पी का एक शेर रहता है,
जो भी ज़रूरी हो जाता है
आदिम अनुगूँजों की भाषा में
बस वही कहता है—
छूते ही भहरा जानेवाली मनःस्थिति में लटके
शहतूतों-अंजीरों-खुबानियों के गुच्छों से।
आयु वनस्पतियों को इसी तरह
आशिष में देते हैं बूढ़े पहाड़।

नदी

दूर किसी घर में कुछ गिरा है
पीतल की गगरी-सा!
लुढ़कती चली आयी है टनटनाहट
        सूनी दोपहरी में
        कई देहलियाँ लाँघकर।
आवाज़ की एक नदी बह गयी है
इस घर से उस घर तक।
इसमें धोकर अपने थके हुए हाथ
सोचती है यह उसकी
चौंकी हुई उबासी–
हर घर से हर घर तक जाती है राह,
इतना अकेला नहीं होता है आदमी!
एक गूँज का दामन पकड़े
अनगूँज कितने चले आयें कब भीतर–
                कौन कहे!
क्या जाने कौन-कहाँ-कब का खोया
किस रूप-रस-गन्ध-ध्वनि की उँगली पकड़े
आ जाये मिलने और कहे–
        "कहो, पहचाना?
        कैसे हो?"

सम्बन्ध

उसने अपने वजूद का
एक बड़ा हिस्सा
किराये पर उठा रखा है :
दुनिया, दफ़्तर, दवा-पानी
उसी आसरे चलता है,
बाक़ी के हिस्से में कोई नहीं आता।
आते हैं, जाते हैं लोग-बाग उसी ओर
जाते हुए छोड़ जाते हैं
कीलें-कैलेण्डर ख़ाली डिब्बे,
टूटी हुई फ़र्श, खिड़की का गिरा हुआ पल्ला।
उस हिस्से—इस हिस्से के बीच
लेकिन है बचा हुआ अब तक
एक पुल—धूप-धूल-हवा और कविता का।

ख़ौफ़

सुबह-सुबह
अख़बार की पहली पंक्ति पर भक् खड़ा
मिलता है वह रोज़!
कभी-कभी चौके की खिड़की से भी
झाँक जाता है—
गिरगिट-सा!
सात रंग हैं उसके!
सात कि सत्ताईस—
सीने पर हाथ रख
कह सकता है कौन!
शाम तलक
देहली के पीछे की सूराख में
वह हो जाता है ग़ायब
और फिर
सबके खा लेने के बाद
बची हुई
'पिछली रोटी'
खाता रहता है भर-रात!

एक अन्देशा, एक उम्मीद

अँधेरे में मैंने
शब्द की बगल में
रख दिया एक शब्द
जैसे कि कानों के पास
रखे जाते हैं होंठ
या पिंजड़े के सुग्गे के पास
रखा जाता है धीरे-से उसका
बीमार बच्चा।

जेब की अन्तिम अठन्नी पर
टिक जाती है उँगली जैसे
शब्द की बगल में
टिक गया शब्द—काँपता हुआ।

साँसत में थे मेरे प्राण
कि बस दो ही तो थे
जो ज़िन्दा बचे थे—
बीच ठाँय-ठाँय के।
बस दो ही ज़िन्दा थे शब्द—
एक अन्देशा, एक उम्मीद
जिन्हें मैंने टिका दिया
        जतन से
कोरे काग़ज़ पर!
आँख जब खुली—
सुना—
आपस में वे
बतिया रहे थे!

घर

बीच बाज़ार खड़ा है
एक टूटा घर—
चार्ली चैपलिन जैसा
ठुड्डी झुकाये।
रखते ही पहला क़दम घर में
मूँग अँकुर जाती है मन में,
कटकर चूने लगता है नीबू
आँखों में।
साँसों में गन्ध उतर आती है
भुने हुए जीरे की।
खीरे की छलछल तरावट से
भर जाती है खाल।
पके शरीफे फटकर
मुँह बाने लगते हैं तलवों में!
घर आदमी को बना देता है
फल की एक
छोटी-सी टोकरी
तो इसमें समा पायेगी एक दिन
छोटी-सी नारंगी—पृथ्वी?

घण्टा-घर

रात के तीसरे पहर
टावर की सदियों पुरानी दीवार-घड़ी
ठिठककर ठहर जाती है एक बार।
उस समय कुछ भी नहीं बजा होता
दुनिया की किसी भी घड़ी में।
नीली-पीली-लाल आँखें चमकती हैं घड़ी की।
दम साध चुप बैठ जाती हैं सुइयाँ
और कान खड़े किये सुनती हैं
आकाशवाणी की अन्तिम सभा का
दिन-भर में दस बार
दुहराया हुआ समाचार।
आकाश में अबाबीलों का एक झुण्ड
साँय-साँय उड़ता है उसी वक़्त
पृथ्वी को चोंच में दबाकर—
घण्टों और मिनटों की सरहद के पार।

चमत्कार नहीं

बच्चे ने कोयला उठाया—
जादू से
एक सुन्न दीवार
नदी हो गयी और नाव भी,
पेड़, घोड़ा-गाड़ी, फिर मछली!
औरत ने सुई उठाई
देखते-ही-देखते
एक खुरदुरा कपड़ा
सूरज हो गया, फिर हिमालय
झोंपड़ी, चिरैया, फिर तितली!
मैंने बस आँख उठाई,
फिर गर्दन,
फिर हाथ
और कई बेकार चोटों के बाद
दीवार में एक कर दिया सूराख—
जादू से बाहर का पूरा संसार
लिप-पुतकर हो बैठा
एक खुरदुरा कपड़ा,
एक सुन्न दीवार!

जिल्द

कोई चेहरा,
कोई अच्छी किताब
ख़ूब स्वाद से,
देर तक पढ़ने के बाद
और ही तरह की
लगने लगती है दुनिया,
और ही तरह का हो जाता है
आकाश की धूल का रंग,
और ही तरह के लगने लगते हैं
जाने-अनजाने लोग आस-पास के
कई-कई दिन, कई हफ़्ते, कई साल!
आँखों में
उड़नतश्तरी से
सीधा उतर आते हैं
दुनिया के सारे रहस्य!
कितना अजब है कि
टुटपुँजिया अख़बार की जिल्द
अक्सर पहने रहता है
बड़े से बड़ा क्लासिक।

उड़ान

चिड़िया जान गयी कि मौसम खुलनेवाला है,
भीगे झुरमुट के बटुए से
        बहुत पुराना गीत निकाला–
गीला-सीला–
        वही चोंच में लिए उड़ी–
दिशा टोहती वैसे जैसे कविता की पहली लाइन।
गीत बेच चुग्गा लायेगी, लगता है।

मैंने भी अपने पॉकेट का
अन्तिम ही तब नोट निकाला
और उड़ाया जैसे कभी कबूतर उड़ा दिये थे
                नूरजहाँ ने!

किसकी नूरजहाँ हूँ मैं
इस अँधियारे कमरे में यों
        टीन खुरचती आटे की?

जादू का पेड़

एक पेड़ अजब है
उस पर बस एक फूल आता है,
लेकिन वह झड़ने का नाम ही नहीं लेता,
झकझोर हार-हार जाते हैं लोग।
चीन देश में पहले होता था शायद
अब औरत के भीतर उगता है पेड़।
मौसम नहीं है तय
फूल के चटकने का
और साथ उस फूल के
चटकता है पूरा ही पेड़।
दुनिया में कहीं कोई आग लगी हो तो
झपटी आती हैं लपटें
और यहाँ पंखुड़ियाँ बनती हैं।
फूल से कभी ख़ुशबू आती है
रोटी के भीतर की भाप की
बच्चे के तेल-लगे तलवे की कभी
और कभी अपने ही ढंग की—
किसी से नहीं मिलती-जुलती!
जानता है राजा कि
ख़ुशबू ही होती है
दुनिया में सारी गड़बड़ियों की जड़,
ख़ुशबू से वंचित कर ही रखा जाता है
आदमी का वृषभ-तत्त्व हमेशा उजागर,
कोल्हू चले—इसका एक ही उपाय है
कि फूल नहीं खिले, कहीं दूर तक।

मनवीर कौर

मनवीर कौरे,
 सुन, नौकरी मिली तुझे?
 आ ही गया तलाकनामा?
 तेरी इस मेज़ विच्च फिर नयी किताब है,
 आकाशवाणी से चेक आया हैगा फिर—
 उस मुए मन्त्री से इण्टरव्यू का—
 जिसने दिलाई थी आस—सब देखेगा!
 आस का तो क्या है जी—
 सब ही इत्ता-इत्ता देते हैं बाँट-बूँट
 जैसे गुरुद्वारे का मीठा परसाद!
 उत्ते से भूख पर मुहर थोड़े लगदी है,
 उत्ते से थोड़े हो जाती है पार्सल—
 बीच पेट दी कुलबुलाहट,
 मन दी यह सब हुलबुलाहट!
सोमेश फिर बीवी से झगड़े करके
घण्टे-दो घण्टे आ गया पास तेरे?
इत्ती गाली-गूली सहके भी
उसके बच्चों के सब कपड़े सीने वाले,
मन्नतें उठाने वाली—
उनकी प्रौक्सी की माँ, पगली मनवीर कौर!
मुझको तू अच्छी लगती है, मरजानिए,
तेरा क्या कर दूँ मैं, बोल!
बिन घर की घरनी, री मनवीर कौर!

पानी

एक ठण्डे चश्मे के नमकीन पानी में
पैर रोपकर
दो काली चट्टानें
अभी तलक बैठी कहीं होंगी—
शायद वही सुन लें,
इसीलिए कहती हूँ।
वैसे, बच्चा सो गया है,
और मुझे कुछ भी किसी से
कहने की ज़रूरत नहीं,
ज़रूरत की सरहद के पार के घने वन की
एक कहानी कहने का
मन होता है फिर भी।
क्या जाने इससे ही नींद चली आये!
चरर-मरर चौकी कुछ चुप हो ले,
चूहे-चुनमुन, तिलचट्टे, मेढक के बच्चे,
छिपकलियाँ, चींटियाँ कि घुन चावल के
बैठे हैं तैनात हर ओर—
दुनिया फतह करते सिकन्दर हों जैसे
या कि शिकारी दुष्यन्त—
        हैं, हैं ही—ये सब हैं—
        कहाँ है अकेलापन, कहाँ भला?
        इतनी आबादी है, पूरा सिलसिला
        जागरण का
        या लबालब जीवन का?
        कुल्हिया अपनी आज
        ख़ाली है भी तो क्या,

कम-से-कम कल तो कुछ पानी मिलेगा!
ठोक-पीट नलके की जारी है,
पानी की पूरी तैयारी है—
सिर्फ़ नहीं तय तो बस इतना ही—
रखना है पानी या चखना है
पानी उतरने का स्वाद?

सन्नाटे के इतने बड़े-बड़े मटकों में
पानी नहीं है तो यह क्या है?
क्या है जो अभी-अभी आँखों से चुआ है?
चुआ नहीं लेकिन चूने को था,
हुआ नहीं पर कुछ होने को था,
कहता है काकातुआ
जो पैर में बाँधे धागा,
कमरे में ऊँचा उड़ता है!

क़िस्सा है इतना कि पानी था—
चेहरों पर, आँखों में, डोलों में, बोलों में—
उम्मीदों पर लेकिन फिरा नहीं था,
पानी जो मिल-जुलकर रहता था
अदहन में चावल से,
तरबूज-खीरे में बीजों से,
लोई में आटे से, कूची में रंगों से;
खिचड़ी में इकड़ी,
गारे में मिट्टी,
बातों में बतरस
और धुएँ में आग से झुककर
गले-गले मिलता था,
कभी-कभी हिलता था
किसी झील-मन में
ज़रूरत की सरहद के पार के
घने वन में!

एक बार ऐसा हुआ कि
बहुत साल होना ही बन्द हो गया
कहीं कुछ भी–
दुनिया में घटनाएँ बन्द,
घड़ी बन्द, घड़ीसाज बन्द,
धड़कन की कुण्डी पर ताला पड़ा।
दुकान बन्द, सभी अभियान बन्द, संस्थान बन्द।
सर्दी से ठिठुरे पड़े
दो भूखे बच्चों की मानिन्द
आपस में चिपक चले होंठ,
शब्दों पर पाला पड़ा!
भूख बन्द, प्यास बन्द, आवाज़ बन्द
और पानी भी,
फोड़ी धरती, पानी कहीं नहीं,
आकाश खुरचा, पर ऊँहूँ!
खुली रही अगर कोई चीज़ कहीं
    जो पानीदार तो वही आँखें–
    नमकीन पानी में
    पाँव रोपकर बैठी चट्टानें!
    शायद वही सुन लें–
इसीलिए कहती हूँ...

गन्ध

माँ के नाखूनों से आती थी
बेसन की हल्की-सी ख़ुशबू,
आँखों से
'मानस' की जर्जर प्रति से उठती
हल्की-सी खनिज गन्ध
गर्दन के पीछे से
पीले मकोय के फूलों की धमक!
बेकरी से अभी-अभी बाहर आयी
गरम पावरोटी की भाप
उसके तलवे से उठती थी
और उसकी नरम-नरम छाती से
जनमतुआ बच्चे के बालों का
        मीठा-सा ताप!
निर्गन्ध गोला कपास का
पूछता है मन की चकरघिन्नी तकली से आज
होकर उदास—
ख़ाली सन्दूकों में
भर जाती है कैसे
ख़ालीपन की अपनी
        एक गन्ध ख़ास?

एक दिन

एक दिन–
गर्मी की चढ़ती दोपहरी में–
चट्टानों के तलवे बहुत गरम होंगे जब–
एकदम चली आऊँगी पास तुम्हारे
और चकित होते रहना तुम कि ये क्या है!
लू का समुद्र-सा सुभाव है–पता है–
कब क्या ला पटकेगी दरवाज़े–
कोई नहीं जानता।

सूखे हुए पत्ते, फेंकी हुई चिट्ठी,
चिड़िया के पंख-वंख में लिपटी,
लू की धमक चीरती-फाड़ती
मैं आ जाऊँगी पास तुम्हारे
तो कैसा लगेगा तुम्हें?

कैसा लगेगा तुम्हें जब
कलियों-सा खुल जायेगा
अपना सारा रहस्य एकदम से!
धरती में जड़ों की तरह
फैल जायेंगी बातें!
हाथ बढ़ा
मिट्टी के भीतर छुयेंगी
एक-दूसरे के कन्धे और बोलेंगी धीरे से–
होता है, होता है कभी-कभी ऐसा भी!

होना-न होना

तुम नहीं थे तो पानी
बहुत तंग करता था।
सब्ज़ी कतरते समय
इधर-उधर जो भी
उँगली कट जाती थी–
उसमें बना लेता था अपनी राह,
        बिसबिसाता था
और ख़ून कर देता था बिल्कुल ठण्डा, सफ़ेद।
चमड़ी का पूरा नमक,
सारा शहद–तालू के नीचे का–
धीरे-धीरे घोल लेने को तैयार–
पानी था या थी वह
धार समय की–
चाकू से भी तीखी?

तुम नहीं थे तो आग
बहुत तंग करती थी।
फॉस्फोरस के छोटे-छोटे टुकड़े
छाती में, नाभि में, आँखों में
बिना बात सुलगा करते थे
जैसे कि मरघट में जुगनू कि
        सिरकट्टे भूत!
तुम नहीं थे तो हवा
कर देती थी मुझको एकदम तबाह।
दुनिया की सारी कविताएँ ओढ़कर
मैं ठण्डे बिस्तर पर जाती थी सोने तो

क्या जाने कहाँ से
काली छिपकली की तरह
सरक आती थी पाँव पर
और भर-रात किया करती थी किटिर-किटिर!

तुम नहीं थे तो धूप
देहाती औरतों की गरम-गरम गपशप-सी
भर जाती थी मेरे कानों में।

तुम नहीं थे
लेकिन कब तुम नहीं थे?
किस मिनट?
मुझे कविता लिखने की फुर्सत
आख़िर मिली कैसे
और मिली क्यों?
तब तुम नहीं थे तो अभी कौन-से
बैठे हो पास मेरे,
तुम अभी भी नहीं हो,
तुम कभी भी नहीं होगे
तुम होगे हमेशा शायद इसी से कि
कभी नहीं होगे
और धूप-हवा-मिट्टी-आग-पानी
और मौसम
पीछे हमेशा ही पड़े रहेंगे मेरे
जैसे पत्थर—चौराहे की पगली के पीछे।

धीरज

सहिए कि
सहने से
मज़बूत पंख और पहिए
निकल आते हैं
ठस्स इरादों के भी।
सहिए कि
सहना प्रतीक्षा है
सही समय की,
सहने से धरती में छुपी हुई
खानों का धीरज
यक-ब-यक लेता है करवट
और चटक जाती हैं चट्टानें
धमनियों के भीतर!
गरम-गरम लावा
भर देता है हर खाँच
और एक हरी-लाल पत्ती
टहनी पर अपना ठिकाना टटोलती
देर तलक हिलती है
चिड़िया की आँख में।

चमक के अलावा

आपने कभी
रोकर उठी औरत की आँखें देखी हैं?
विद्यापति-सूर के विरह-गीतों से उठकर
कोर्ट-कचहरी के फारम पर
        चस्पां होती
        औरत की आँखें?
रोती हुई नहीं,
रोकर उठी आँखों में
कुछ एक होता है–
पता नहीं क्या–
बारिश में धुले हुए
नारियल के बच्चा-पत्तों-जैसा हिलता!
केरल में ही क्यों है कन्याकुमारी?
कोई चीज़
ख़ास किसी एक जगह क्यों होती है आख़िर?
क्यों होती है औरत
जैसी वह होती है,
क्यों होती हैं उसकी आँखें
जैसी वे होती हैं–
तकलीफ़ की थोड़ी चमक
और हल्की थर्राहट के बीच।

मंगल ग्रह की खिड़की से

वो देखो—पृथ्वी—
एक बड़ी डाली पर
डोल रही है
पीली पत्ती-जैसी
हँसती हुई कैसी तो
दन्तहीन, चिरकुट हँसी!
सूरज भी
पानी की ठण्डी तलहथियों पर गिरा हुआ
नहीं जानता कि अब क्या होगा!
        ख़ालीपन के जबड़े हिलते हैं।
        एक ख़ुशगवार नरक
        हिलता है पानी में!
वहाँ—उधर—
उखड़ी चट्टानों के पार—
जहाँ ख़तम होती है
सारी ढलान—
बेमतलब चढ़ती गयी उम्र की
हर आदमी खड़ा-खड़ा बदल जाता है
छोटे से एक शहर में
जो कहीं भी हो सकता है
या फिर कहीं नहीं!

ऋषिका

वह है भी और नहीं भी–
ऋषिका, अपनी नन्ही-सी बेटी!
है–जैसे होती है हवा
सुबह-सुबह
होंठों पर ओस के,
नहीं तो नहीं–जैसे होते नहीं आँसू
रोकर पूरी रीती आँखों में!
ठण्ड बहुत है–
जल्दी से बुन लेना है
            नन्हा स्वेटर अब,
मैं उल्टे फन्दे डालूँ तो तुम
सीधे फन्दे डालो साँसों के–
गरम-गरम, ऊदे, मुलायम फर वाले!
लाओ, शहद आँखों से ढालो–
            थोड़ा-सा यहाँ
            इधर कलियों पर :
ये ही तो आधे खुले होंठ हैं बेटी के!
सँभलो, फैलाओ नहीं–
            मक्खी आयेगी–
यों भी हर ओर यहाँ कचरा है,
हाँ-हाँ, यह जो भूरा बछड़ा है–
        उसके ही पास धरी हैं उसकी आँखें!
माँगो कजरौटा तो नाइन से–
        अँधियारा सारा अंजन कर दूँ मैं जग का,
माँ हूँ मैं, मेरे भरोसे ही
        बीमार पड़ता है चाँद!

जाओ, अब दूध पिलाऊँगी मैं,
सोओ कि इसे सुलाऊँगी मैं
उफ़, करवट फेरो कि जगह करो,
मत खींचा-तानी बेवजह करो।
नन्ही हथेलियों के कोष्ठक ये
मेरे इस चेहरे का शून्य घेरकर लेटे—
आओ अनन्त-सा जुड़ो तुम।
जाओ, अनन्त में मुड़ो तुम
कि ढूँढ़ो तो—
वह है भी और नहीं भी!

ईश्वर

ईश्वर
मेरी कुहनियों पर
घिसता है झाँवा पत्थर।
यह मेरा सातवाँ था,
ठीक-ठीक कहिए तो आठवाँ,
इसको जनकर थोड़ा पछताई भी थी मैं :
ख़ून से लिथड़ा हुआ
यह मेरी जाँघों के बीच पड़ा था;
आँखें खुली नहीं थीं,
नाक कटी नहीं थी।
कुछ था जो नहीं था
और कुछ नहीं था जो था।
ऐंठ रहे थे मेरे पाँव।
बार-बार छाती में
उछल रही थी डॉल्फिन मछली
साँसों से गेंद खेलती।
कोई बोला—"इसकी ज़रूरत नहीं थी,"
ज़रूरत नहीं थी,
पर कैसे नहीं थी?
न होता तो
मेरी कुहनियों पर
घिसता भला कौन—झाँवा पत्थर?

फैलना दरअसल सिमट आना है

जैसे दर्ज़ी
कैंची से दो हिस्से
करता है कपड़े के,
सड़कसाज पत्थर के—
मैंने अपने दो हिस्से किये
और आमने-सामने
दोनों को सीधा बिठाकर
बोली कि मुझको तो छुट्टी दो,
गप्प-शप्प करो, कुछ खा लो
और पड़े रहो ठाठ से
मड़ैया में।
हाँ, ठीक है, एक दिन उठना,
जैसे सुई को
समय पर
हो जाती है ख़बर—
कैंची का काम हो गया,
और एकदम खड़ी होती है उठकर—
उठना अचानक,
कोलतार को पता चल जाता है जैसे—
बुलडोजर का काम हो गया,
अब फैलना है बराबर,
एकदम से फैल जाना तुम
दूर-दूर तक।
फैलना ज़रूर, मगर रखना तुम याद—
फैलना दरअसल सिमट आना है—अपनी ही मुट्ठी में,
उठना, पर सुनो—भूलना मत—
उठना दरअसल तो कलाई थाम लेना है झुककर—
अपनी ही परछाईं की।

कैलेण्डर

छोटे घरों में
कितने ख़ुश रहते हैं कैलेण्डर।
हल्की हवा से भी
चहल-पहल मच जाती है उनमें—
कन्धे से कन्धा सटाकर
खुसुर-फुसुर ऐसे करने लगते हैं जैसे
अफ़वाह कोई चटपटी आयी हो घर।
कैलेण्डर के बच्चे कभी नहीं रोते।
कम-से-कम कैलेण्डर में
औरतें हमेशा मुस्काती हैं
मर्दों के चेहरे भी तने नहीं रहते
कैलेण्डर में!
एक अदद कील से
कैलेण्डर, ब्याह की परान्दी,
मलमल का कुरता,
बाबा की बन्दूक,
बच्चे के तगमे—
सब लटके रहते हैं
भुरभुरी दीवार पर!

तिथियों के नलकों से
टप-टप-टप लगातार
ख़ाली होती रहती है जीवन की टंकी,
लेकिन कैलेण्डर के फ़ोटो में
कुछ भी नहीं चुकता।
जमा पड़ा रहता है वक़्त—
थकमकाया-सा,
चुपचाप!

सब ठीक हो जायेगा

क्योंकि मैं, मैं हूँ, आप आप
और दुनिया दुनिया है—
एक-न-एक दिन
किसी-न-किसी तरह
सब ठीक हो जायेगा!
बत्तखें हैं, पानी है,
बालू है, आग और धुआँ और धूल और मिट्टी
और सब कुछ
तो हम क्यों नहीं रहें आख़िर?
और हम रहें यहाँ
        तो ये पोसुआ झंझटें कहाँ रहें—
        सुग्गा-मैना झंझटें?
उनसे अकेले जिया ही नहीं जाता,
झुण्ड-झुण्ड डोला करती हैं
बस्ती के इर्द-गिर्द
चींटियों के परों पर कभी,
कभी मधुमक्खियों की उकड़ूँ पिठैयाँ पर!
चींटियाँ हैं, मधुमक्खियाँ
और उल्लू और गधे और बन्दर
और मैं और आप और दुनिया
तो एक-न-एक दिन
क्या जाने कैसे
सब ठीक हो जायेगा!

लोहा

चुप्पी का चदरा, चुप्पी का पत्तर—
पीट रही दुनिया ठक्-ठक्! ठक्-ठक्!
ढाल-बाण-भीख का कटोरा,
दरवाज़ों का कुण्डी-कब्जा—
क्या-क्या बनाया नहीं लोगों ने
एक अदद चुप्पी का!
बाबा ने घोड़े की
गढ़ ली थी नाल
चुप्पी के गरम-गरम लोहे से
(घोड़ा तब तीन सदी दौड़ा)
अम्मा ने नाल की अगूँठी गढ़ा ली थी,
साढ़ेसाती कब से चढ़ा था शनीचर—
घर पर कि बस्ती पर,
दिल्ली की छाती पर!
अब लोहा
मेरे मंसूबों से
उनके इरादों तक
रोज़ ही टहलता है सुबह-शाम।
गयी रात सुनती हूँ मैं
अपने ही अन्दर—
ठक्-ठक्—ठक्-ठक्!

हूँ न

'हूँ न—मैं हूँ'—
धीरे से इतना बस
थकी हुई चिड़िया से कहता है
पानी में फूला हुआ दाना,
खम्भों से नींव का पत्थर,
खिड़की-दीवारों से,
तुमसे मैं, मुझसे तुम,
बालू से बदली, आग से पतीली
कुछ भी नहीं कहती इसके सिवा
कि हूँ, मैं हूँ न!
जब कहीं कोई नहीं होता
किसी के भी पास,
और आदमी होता है
माँद में पड़ी सूखी हड्डी-सा
बिल्कुल अकेला—
क्या जाने कहाँ से चला आता है
और चुकू-मुकू बैठ जाता है सटकर
यह 'हूँ न'।
क्या आपने उसको देखा है छूकर?
दुनिया की सारी भाषाएँ,
सारी भाषाओं के सारे बीजाक्षर
क्या सिर्फ़ यही नहीं कि मैं हूँ—मैं हूँ न—
अपने भी पार!

दिन

सदी की ढलान पर
पक्षियों की तरह उड़े जा रहे हैं दिन!
"दिनों का घर कहाँ होता है?"
पूछता है बेटा, हैरान
कि एक के बाद एक, एक के बाद एक
आते कहाँ से हैं दिन
और जाते कहाँ हैं?
कुछ दिन होते हैं
        गौरैया जैसे!
आँगन से घर, घर से आँगन करते
और कुछ होते हैं ऐसे कि
        बस होते ही नहीं!
कुछ पहाड़ होते हैं दिन,
कुछ पेड़, कुछ नदी
और कुछ चटाई
        कि जहाँ कहीं, जैसे बिछा लो
        जुँएँ निकालो और तकिए काढ़ो!
पूछता है बेटा कि
बोलते नहीं दिन क्यों, माँ?
दिनों का शहर कहाँ है?
कहाँ है दिनों की ममा? क्या दूँ उत्तर!

अग्नि

अग्नि चुराने की
अपनी समूची थकान के साथ
तुम यहाँ कैसे आ गये, प्रोमिथियस?
सुनो, सुनते हो—कोई दरवाज़ा खटखटा रहा है।
उठो ज़रा—देखो—इतनी सुबह भला कौन होगा!
चूल्हे की राख पर
अभी-अभी गरमाकर सोयी थी रात
इतनी जल्दी सुबह हो भी गयी?
खट-खुट से मेरी बेटी उठ गयी है—
देखो तो बेटी की गुलुर-मुलुर देह—
सरसों का तेल—शूशू—पसीना—
खिरसा का दुद्धू—काजल-दिठौना!
एक अजब गन्ध में बदल गया है सब-कुछ!

फिर दस्तक!
बस्ती की बुझी हुई आँखें हों शायद!
आयी हों माँगने बीज आग के!

कैसा ग़ज़ब है कि
दूर-दूर तक लतरें फैली हैं आग की—
बोरसी में, चूल्हे-चिलिमची में,
हुक़्क़ों में, नासूरों के भीतर,
थोड़ी-सी पेट में, थोड़ी-सी छाती में,
मन्दिर की छत पर, मस्जिद की दीवार पर,
कुम्हड़े-सी बेडौल लटकी है आग,
पर पूरी बस्ती की बुझी हुई हैं आँखें!

अलग-अलग नस्लों की होती है क्या आग, प्रोमिथियस?
कहती है माँ कि एक आग वह थी
जो मेरे बाबू के साथ
घाट तक गयी थी,
लुटिया में पानी, दोने में मिट्टी
धरी रही जस-की-तस,
साँसों से हवा और आकाश
बिला गये पल-भर में,
आग मगर टिकी—
दूर तलक गयी साथ,
लौटी तो हम सबके बीच आ बसी!

प्रोमिथियस—आज इतना बताओ तो—
इतनी बड़ी दुनिया में तुमको
कहीं नहीं मिली आग—
आदमी के पेट में लगी, आँखों में उतरी,
साँसों में सुलगी—कहीं नहीं दिखी?
देवों के पास जो धरी थी—क्या आग थी?
डिब्बों में क्या बन्द होती है आग?
आग आख़िर क्या है, प्रोमिथियस?

जिसके मन लगती है—
सृष्टि का पहला मृदंग और डफली
हो जाते हैं उसके पाँव—
धत्-धत्-धत् त्राम-त्राम—
ताण्डव के बोलों-सा
बजता है ख़ून धमनियों में,
कनपटियों के पास!

आग!
धूप की तरह पीली,
नीली—पिटी हुई शाम की तरह—
आकाश से धरती, धरती से आकाश तक तनी हुई
एक पुरातन वल्गा—आग—अगर कसती है

इल्या इलोविच की घोड़ी हो जाती है बस्ती–
नथुनों से राख-धुआँ-चिनगारी धौंकती!

जो आग तुम लेकर लौटे थे घर–
वह, वैसे, शर्मीली थी–
बंगाली आलते-सी लाल
वह मेरे पैरों पर गिरी,
फिर देखते-देखते मेरी साड़ी पर
बड़े-बड़े फूलों की तरह छप गयी।
    सृष्टि का अजब एक दिन था वह–
    सुबह हुई उस दिन, न रात–
    मोच लिए खटिया पर लेट गया वक़्त
    और आग बीच हमारे बस गयी–
सुबह सभी के जगने के पहले जगती,
सोने के बाद भी नहीं सोती–
प्रसूति की कोठरी के उपलों से लेकर
अन्तिम बिछौने तक बिछी हुई आग!

फिर वही दस्तक!
देखो तुम्हीं ज़रा–
शायद तुम्हीं से
कहना कुछ चाह रही हो खास
    बस्ती की बुझी हुई आँखें!
जाओ भी–दरवाज़ा खोलो–
    मेरी चिन्ता छोड़ो–
ठीक-ठाक हूँ और ठीक ही रहूँगी,
मेरा क्या होना है, कुछ नहीं होगा–
अग्नि-सम्भवों का कुछ कभी नहीं होता–
जैसी-की-तैसी रहूँगी–
पानी और मिट्टी और आग–
दरवाज़ों के भीतर, दरवाज़ों के पार।

□□